Impressum
Verlag: BABADADA GmbH, Nedderfeld 112 , 22529 Hamburg
Geschäftsführer / Verlagsleitung: Harald Hof
Druck: Books on Demand GmbH, In de Tarpen 42, 22848 Norderstedt

Imprint
Publisher: BABADADA GmbH, Nedderfeld 112 , 22529 Hamburg, Germany
Managing Director / Publishing direction: Harald Hof
Print: Books on Demand GmbH, In de Tarpen 42, 22848 Norderstedt, Germany

baba
школа

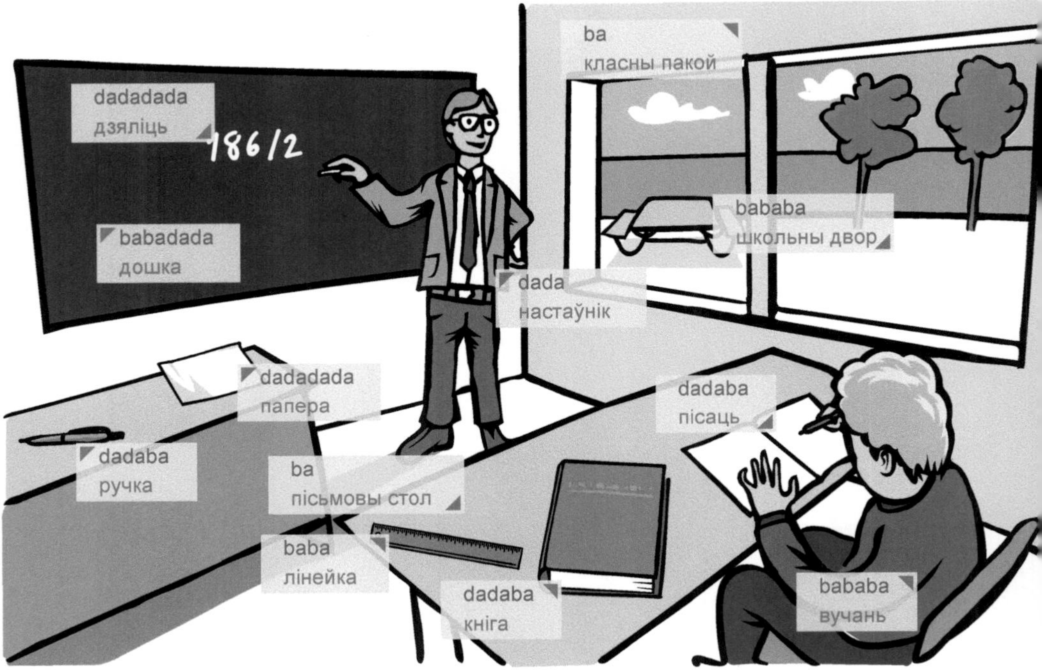
ba
класны пакой
dadadada
дзяліць
186/2
babadada
дошка
bababa
школьны двор
dada
настаўнік
dadadada
папера
dadaba
пісаць
dadaba
ручка
ba
пісьмовы стол
baba
лінейка
dadaba
кніга
bababa
вучань

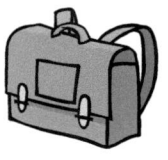

dadaba
ранец

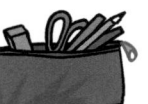

dada
пенал

bababa
просты аловак

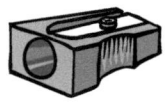

dadaba
тачылка для алоўкаў

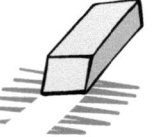

baba
гумка

ba
альбом для малявання

bababa

малюнак

ba

пэндзлік

dada

фарбы

babadada

нажніцы

dadaba

клей

dadadada

сшытак

babadada

хатняе заданне

bababa

лік

dadaba

дадаваць

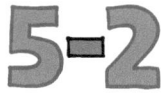

bababa

адымаць

badada

множыць

dadababa

лічыць

babababa

літара

babababa

алфавіт

dada

слова

babadada

тэкст

dadadada

чытаць

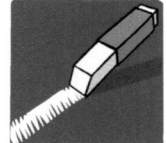

dada

крэйда

babababa

ўрок

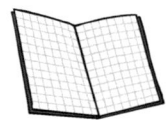

ba

класны журнал

baba

экзамен

babababa

атэстат

babadada

школьная форма

babababa

адукацыя

dadababa

энцыклапедыя

babababa

універсітэт

dadababa

мікраскоп

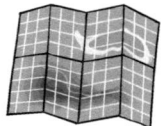

bababa

карта

babadada

смеццевы кошык

baba

падарожжа

babadada
гатэль
dadaba
хостэл
ROOMS
dadadada
абменны пункт
EXCHANGE
dada
чамадан
ado
аўтамабіль

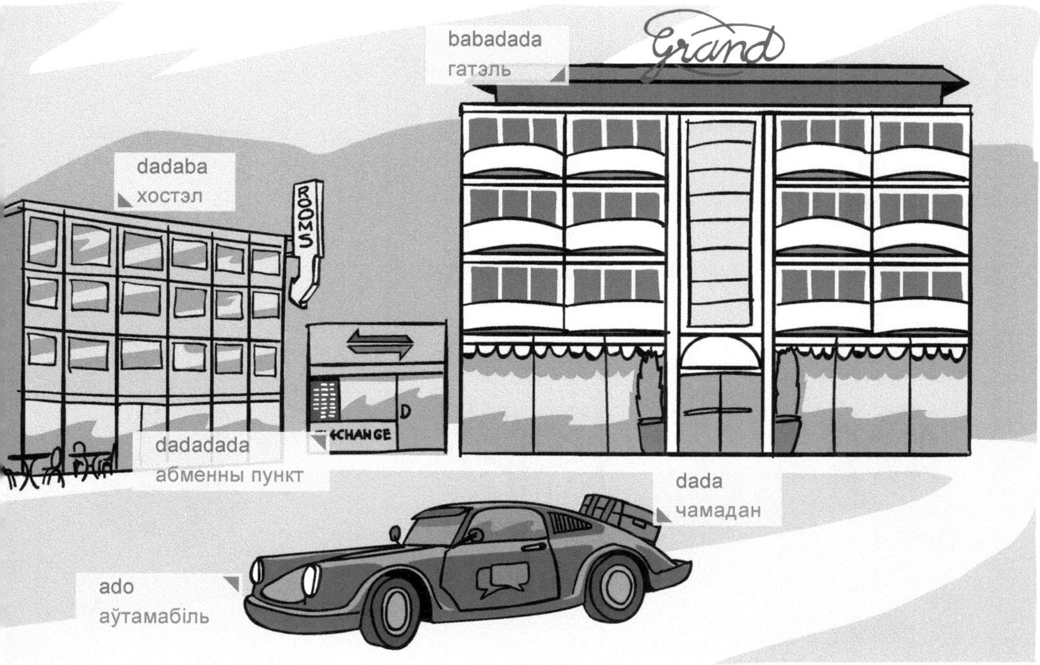

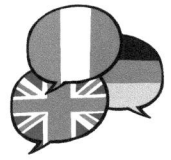

dadadada

мова

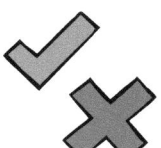

da / meh

так / не

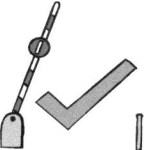

Oh

добра

ba

прывітанне!

dada

перакладчык

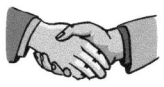

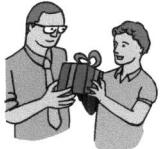

dada

дзякуй

bababab

Колькі каштуе....?

ah

я не разумею

dadaba

праблема

ba dada

Добры вечар!

babadada

Добрай раніцы!

heia!

Дабранач!

dadaba

да пабачэння

badada

кірунак

dada

багаж

babababa

сумка

babababa

заплечнік

baba

госць

dadadada

пакой

dadadada

спальны мяшок

dada

палатка

dadadada

фармацыя для турыстаў

badada

пляж

babadada

крэдытная картка

dadababa

снеданне

baba

абед

bababa

вячэра

dada

праязны білет

dada

ліфт

babadada

паштовая марка

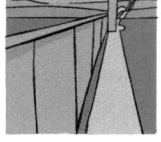

badada

мяжа

dadaba

мытня

babadada

пасольства

dadaba

віза

dada da da da

пашпарт

dadadada

транспарт

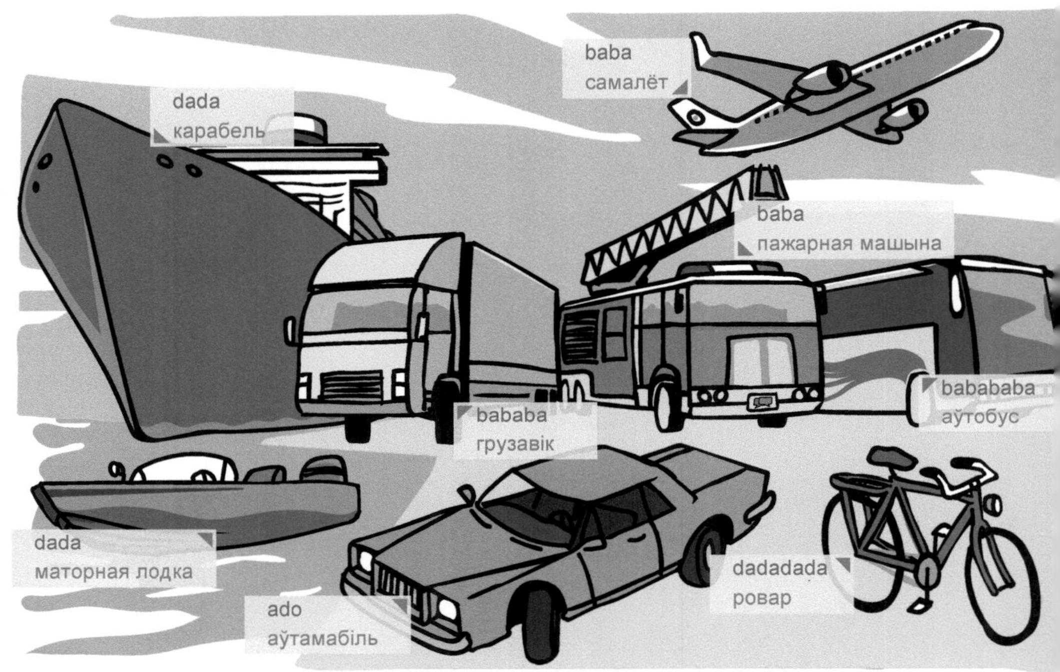

baba
самалёт
dada
карабель
baba
пажарная машына
bababa
грузавік
babababa
аўтобус
dada
маторная лодка
ado
аўтамабіль
dadadada
ровар

babadada

паром

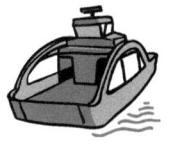

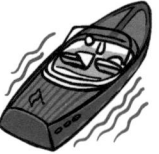

baba

лодка

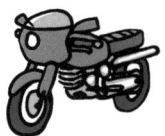

bababa

матацыкл

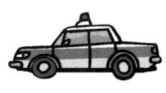

ado

паліцэйская машына

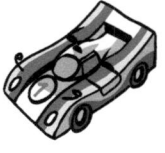

ado

гоначны аўтамабіль

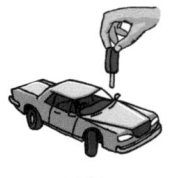

auto

арэндаваны аўтамабіль

dada

сумеснае карыстанне аўтамабілем

ado

эвакуатар

ado

смеццявоз

brumbrum!

матор

bababa

паліва

dada

запраўка

dadaba

дарожны знак

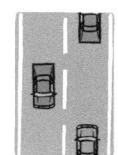

badada

дарожны рух

ado ado

затор

babadada

паркоўка

babababa

чыгуначная станцыя

dada

рэйкі

dadaba

цягнік

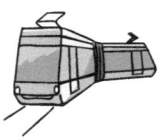

baba

трамвай

dadaba

вагон

baba

верталёт

baba

аэрапорт

dadaba

вежа

baba

пасажыр

badada

кантэйнер

dada

кардонная скрыня

baba

тачка

dadadada

карзіна

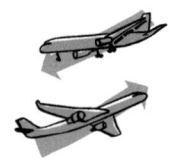

da / bada

ўзлятаць / прызямляцца

dadaba

горад

bababa

вёска

dadababa

цэнтр горада

dadaba

дом

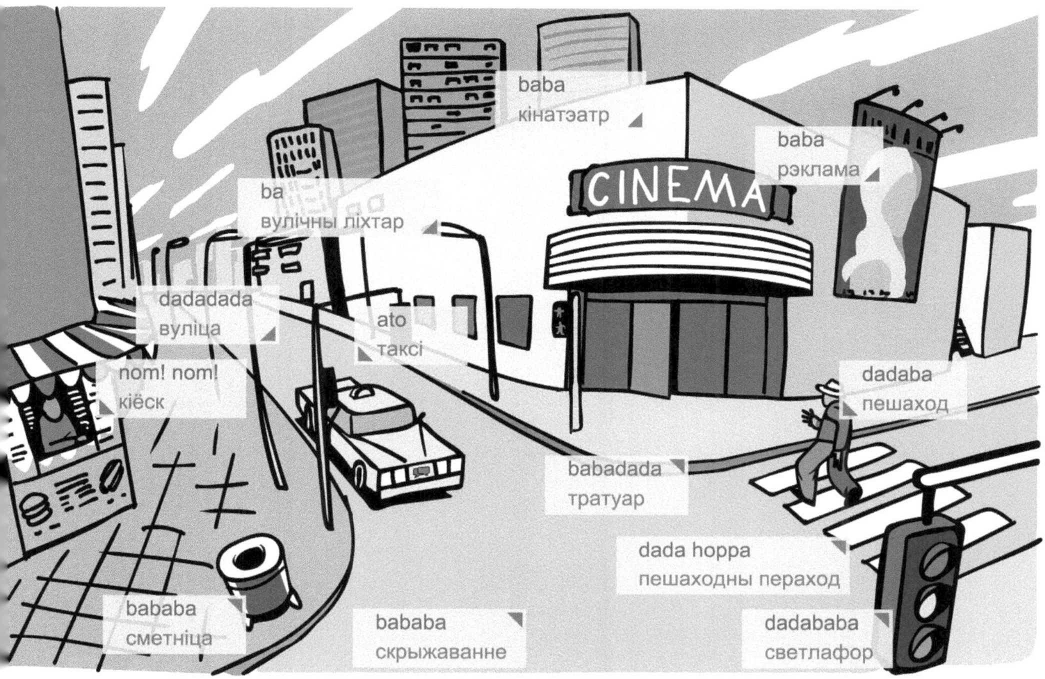

babadada

халупа

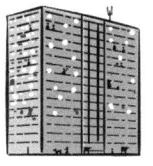

dadadada

кватэра

babababa

чыгуначная станцыя

dadaba

ратуша

bababa

музей

baba

школа

dadaba - горад

babababa

універсітэт

dadadada

банк

aua!

шпіталь

babadada

гатэль

aua!

аптэка

baba

офіс

bababa

кнігарня

ba

крама

dadaba

кветкавая крама

dada nom nom

супермаркет

dadadada

кірмаш

dadadada

універмаг

nom! nom!

рыбная крама

baba

гандлевы цэнтр

ba

порт

dadadada

парк

baba

лава

babababa

мост

dadadada

лесвіца

bababa

метро

baba

тунэль

ba

прыпынак

babababa

бар

nom nom!

рэстаран

dadaba

паштовая скрыня

dada

вулічны паказальнік

baba

паркамат

babababa

заапарк

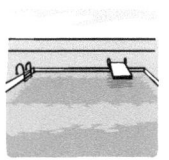

dada

басейн

baba

мячэць

dadaba

сядзіба

dadababa

забруджванне
навакольнага асяроддзя

bababa

могілкі

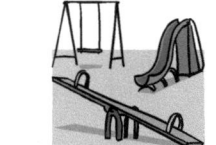

ba

царква

dadababa

пляцоўка для гульні

bababa

храм

dada

краявід

baba
ліст

baba
паказальнік

dada
дарога

bababa
луг

baba
камень

dadababa
дрэва

dada
падарожнік

bababa
рака

dada
трава

mama!
кветка

badada

даліна

babab a

гара

dadadada

возера

dadadada

лес

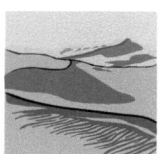

dadababa

пустыня

dadaba

вулкан

babababa

замак

dadaba

вясёлка

babab a

грыб

dadababa

пальма

aua!

камар

badada

муха

dadababa

мурашка

summ summ

пчала

dada

павук

dadaba

жук

quak

жаба

dadababa

вавёрка

dadaba

вожык

baba

заяц

gackgack

сава

gackgack

птушка

gackgack

лебедзь

babadada

дзік

dadadada

алень

dadadada

лось

dadadada

пляціна

ba

вятрак

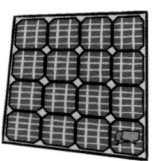

dadadada

сонечная батарэя

bababa

клімат

dadadada
афіцыянт

baba
меню

dadaba
крэсла

nom! nom!
суп

nom nom!
піца

ba
сталовыя прыборы

babababa
абрус

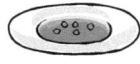

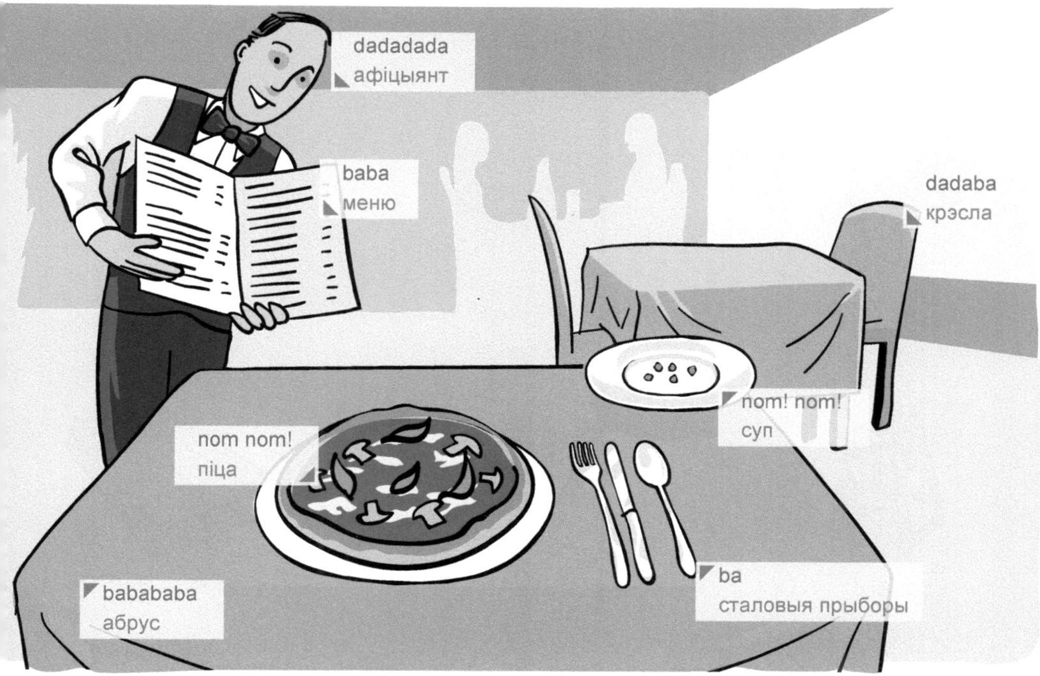

nom! nom!
....
закуска

nom! nom!
....
другая страва

nom nom!
....
дэсерт

dadababa
....
напоі

nom nom!
....
ежа

nom nom!
....
бутэлька

nom! nom!

хуткае харчаванне (фаст-фуд)

nom! nom!

стрыт-фуд

babababa

імбрык (чайнік)

nom! nom!

цукарніца

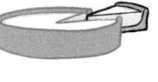

nom nom!

порцыя

dadaba

эспрэса-машына

bababa

дзіцячае крэселка

ba

рахунак

bababa

паднос

ba

нож

babadada

відэлец

dadaba

лыжка

bababa

чайная лыжка

dadaba

сурвэтка

ba

шклянка

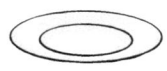

nom nom!

талерка

bababa

супавая талерка

bababa

сподак

nom! nom!

соус

dadadada

сальніца

dadaba

млынок для перцу

bähbäh

воцат

dadababa

алей

dadababa

спецыі

nom! nom!

кетчуп

nom! nom!

гарчыца

nom nom!

маянэз

dadababa
акцыя

FOR

dadaba
пакупнік

dadaba
малочныя прадукты

nom nom!
садавіна

baba
вазок

dadaba

мясная крама

nom! nom!

хлебны магазін

bababa

важыць

bähbäh

гародніна

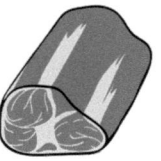

nom nom!

мяса

nomnom

свежазамарожаныя
прадукты

nom nom!

нарэзка

nomnom

кансервы

bababa

пральны парашок

baba

прысмакі

dadaba

хатнія прылады

dadababa

чысцячы сродак

bababa

прадавец

bababa

каса

dadaba

касір

dada

спіс пакупак

dadababa

гадзіны працы

baba

бумажнік

babadada

крэдытная картка

dadababa

сумка

dadababa

пакет

wasa

вада

dadadada

сок

badada

малако

ba

кола

bababa

віно

dadadada

піва

dadaba

алкаголь

bababa

какава

dadababa

гарбата (чай)

dada

кава

dadaba

эспрэса

dadababa

капучына

nane

банан

nom nom!

яблык

bababa

апельсін

nom nom!

дыня

nom nom!

лімон

bähbäh

морква

bada meh

часнок

dadaba

бамбук

dadaba

цыбуля

nom nom!

грыб

nom nom!

арэхі

nom nom!

локшына

nom nom!

спагеці

nom nom!

рыс

nom nom!

салата

nom nom!

бульба фры

nom nom!

смажаная бульба

nom nom!

піца

nom nom!

гамбургер

nom nom!

бутэрброд

nom nom!

шніцаль

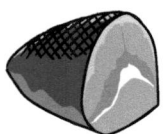

nom nom!

вяндліна

nom nom!

салямі

nom nom!

каўбаса

gack gack

курыца

nom nom!

смажаніна

nom nom!

рыбак

nom nom! - ежа

nom nom!

аўсяныя камякі

bähbäh

мюслі

nom nom!

кукурузныя шматкі

nom nom!

мука

nom nom!

круасан

babadada

булачка

nom! nom!

хлеб

nom nom!

тост

nom nom!

пячэнне

nom nom!

масла

nom nom!

тварог

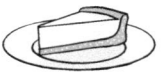

nom nom

пірог

dadaba

яйка

nom nom!

яечня

bada muh

сыр

nom nom!

марожанае

nom nom!

цукар

baba summ

мёд

nom nom!

варэнне

nom nom!

нуга

babadada

кары

nom nom! - ежа

dadaba
сядзіба

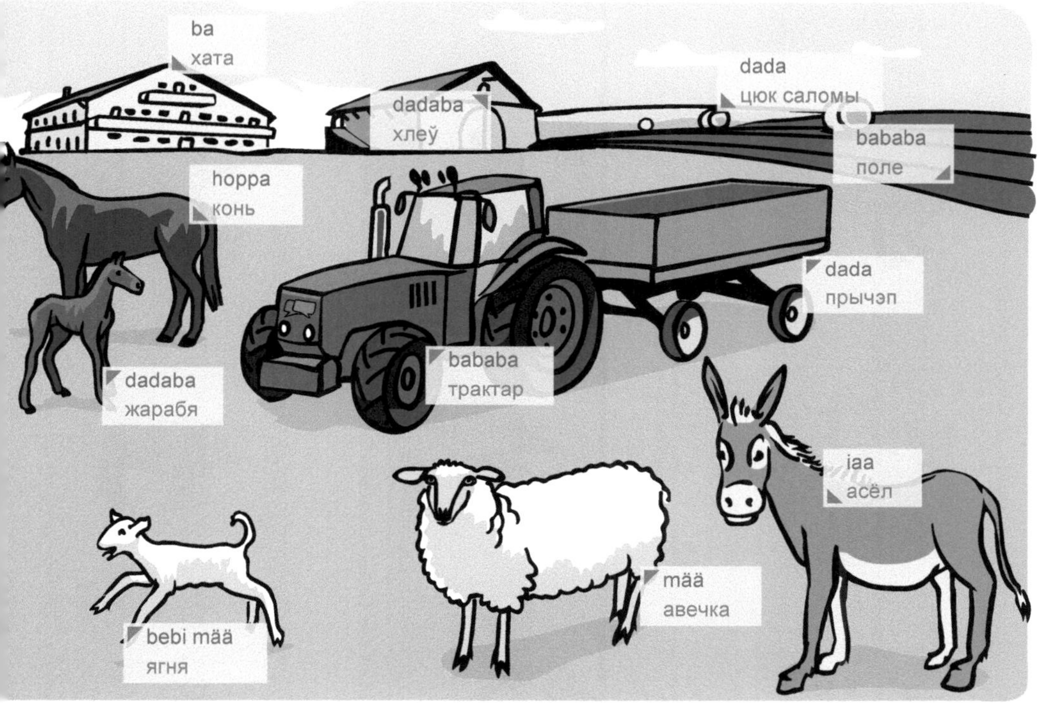

ba
хата

dadaba
хлеў

dada
цюк саломы

bababa
поле

hoppa
конь

dada
прычэп

dadaba
жарабя

bababa
трактар

iaa
асёл

mää
авечка

bebi mää
ягня

baba
каза

muh
карова

mimuh
цяля

mama oink
свіння

oink
парася

dadadada
бык

gackgack

гусак

gackquack

качка

gacki

кураня

gackgack

курыца

gacko

певень

dada

пацук

mau

кот

bababa

мыш

muh

вол

wauwau

сабака

wauwau

сабачая будка

baba

садовы шланг

dadababa

палівачка

baba

каса

dadababa

плуг

baba

серп

dadadada

матыка

dada

вілы для гною

bababa

сякера

babababa

тачка

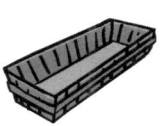

baba

карыта

dada muh

бітон для малака

dadababa

мех

badada

плот

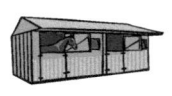

dadadada

хлеў

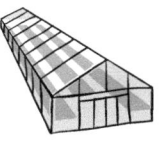

ba

цяпліца

babadada

глеба

baba

насенне

baba

угнаенне

dadababa

камбайн

bababa

збіраць ураджай

dadadada

ураджай

dadaba

ямс

dadababa

пшаніца

dadababa

соя

bababa

бульба

badada

кукуруза

bababa

рапс

bababa

садовае дрэва

dadadada

маніёк

dadababa

збожжа

dadaba

дом

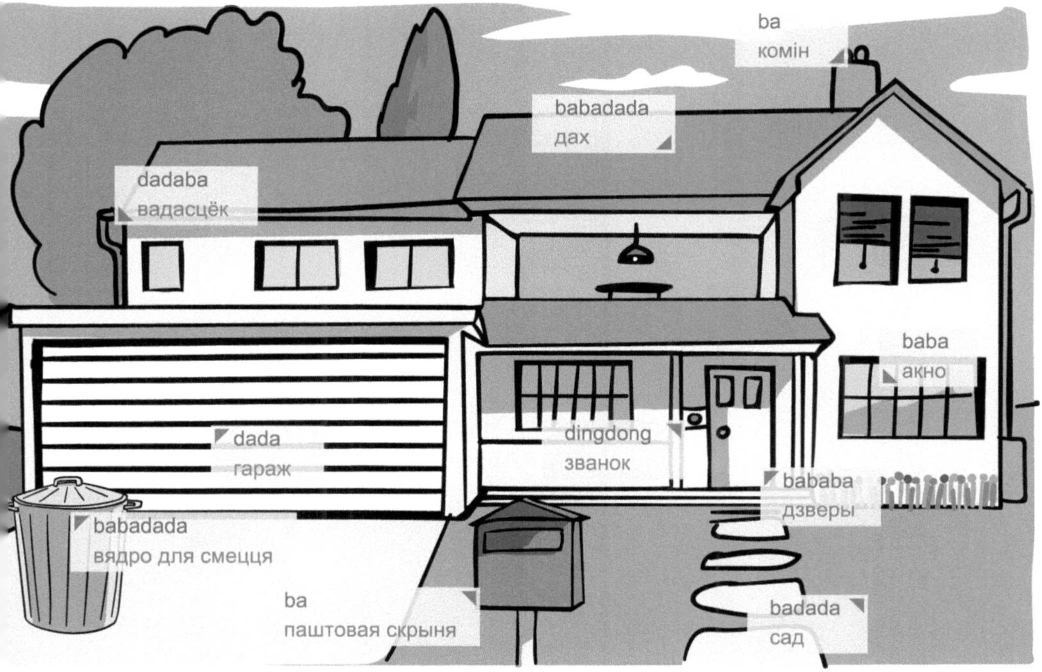
ba
комін
babadada
дах
dadaba
вадасцёк
baba
акно
dada
гараж
dingdong
званок
bababa
дзверы
babadada
вядро для смецця
ba
паштовая скрыня
badada
сад

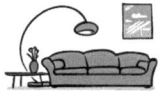

dadadada
жылы пакой

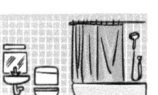

bababa
ванная

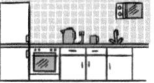

bababa
кухня

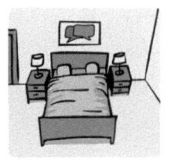

dadababa
спальны пакой

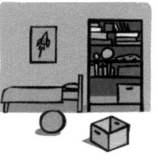

meina
дзіцячы пакой

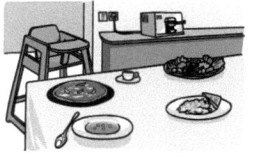

dadaba
сталоўка

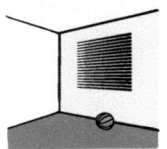

badada

падлога

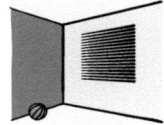

dadababa

сцяна

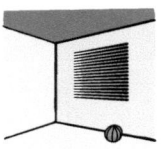

bababa

столь

dada

падвал

dadababa

саўна

babababa

балкон

dadadada

тэраса

bababa

басейн

baba

касілка

dadaba

падкоўдранік

babadada

коўдра

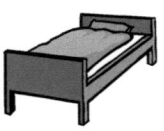

heia!

ложак

dada

венік

dadaba

вядро

dadababa

выключальнік

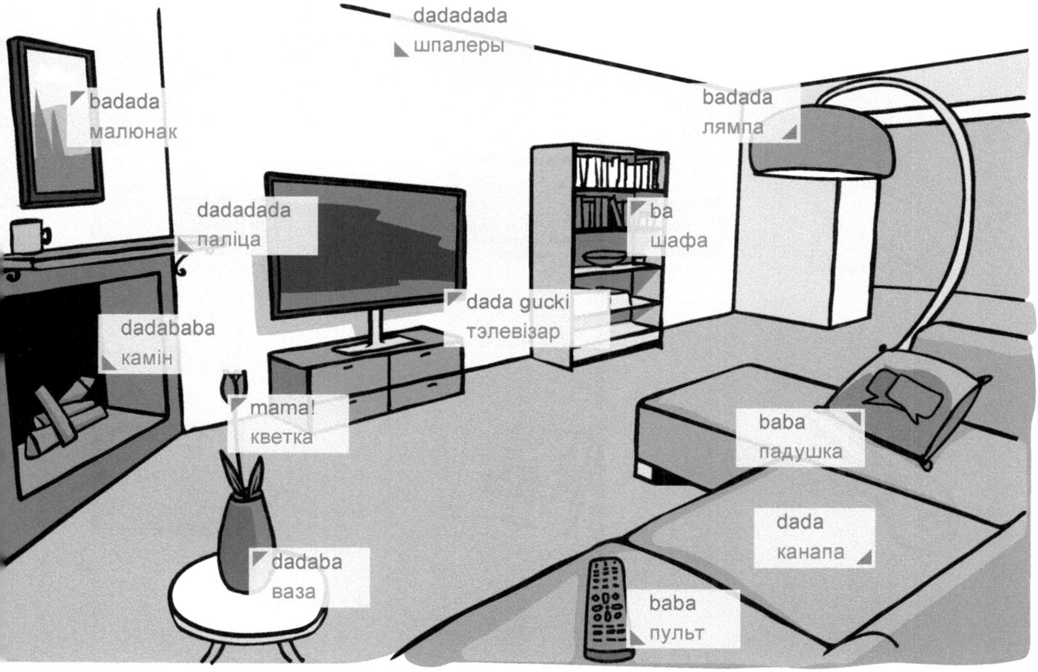

dadadada
шпалеры

badada
малюнак

badada
лямпа

dadadada
паліца

ba
шафа

dada gucki
тэлевізар

dadababa
камін

mama!
кветка

baba
падушка

dada
канапа

dadaba
ваза

baba
пульт

dada

дыван

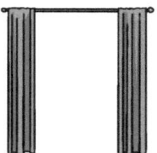

bababa

фіранка

ba

стол

dadaba

крэсла

dadadada

крэсла-качалка

bababa

крэсла

dadaba
кніга

dadadada
коўдра

dadaba
дэкарацыя

ba
дровы

dadadada
кіно

lala
стэрэасістэма

babadada
ключ

dadadada
газета

dadadada
карціна

bababa
постар

lala
радыё

dadababa
нататнік

babadada
пыласос

aua!
кактус

babadada
свечка

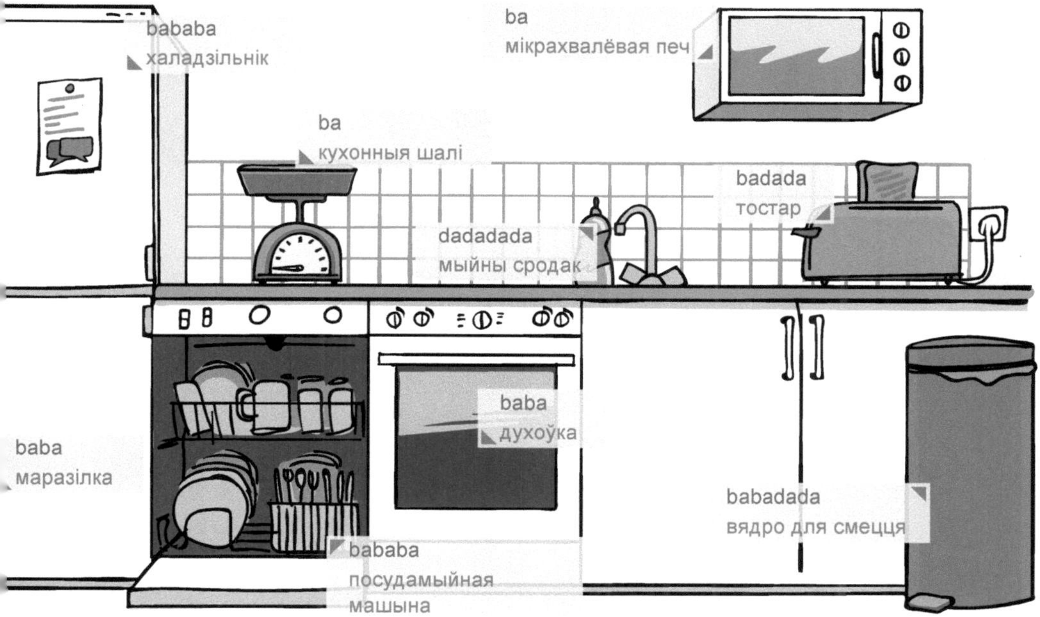

bababa
халадзільнік

ba
мікрахвалёвая печ

ba
кухонныя шалі

badada
тостар

dadadada
мыйны сродак

baba
духоўка

baba
маразілка

babadada
вядро для смецця

bababa
посудамыйная
машына

dada
....
пліта

dada
....
рондаль

dada
....
чыгунок

baba / dada
....
Вок / кадаі

badada
....
патэльня

ba
....
чайнік

dadababa

параварка

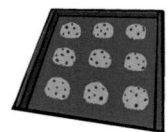

bababa

бляха

dadaba

посуд

dadadada

кубак

dadaba

міска

baba

палачкі для ежы

dadaba

чарпак

dadadada

лапатачка

badada

збівалка

dada

сіта для варэння

bababa

сіта

baba

тарка

dadababa

ступка

dada

грыль

aua!

вогнішча

dadababa

дошка

babababa

качалка

dadababa

штопар

dadadada

бляшанка

babababa

адкрывалка

dadababa

прыхваткі

dadadada

ракавіна

dadababa

шчотка

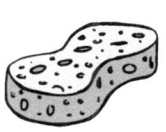

ba

губка

aua!

міксер

babadada

маразільная камера

bababa

бутэлечка

dadadada

вадаправодны кран

bababa
ванная

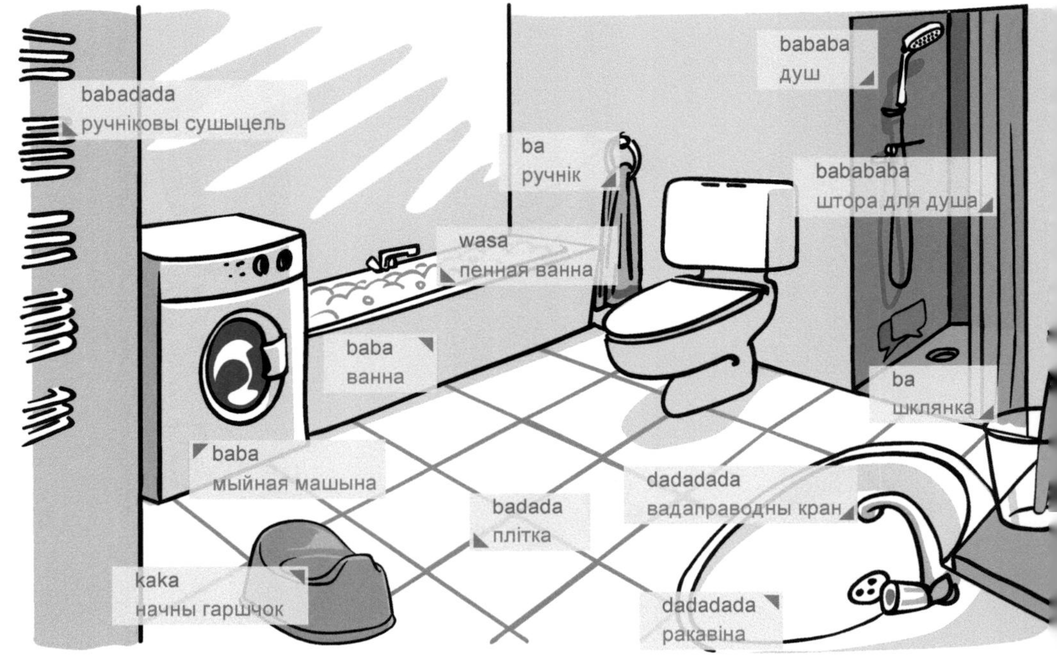
bababa
душ
babadada
ручніковы сушыцель
ba
ручнік
babababa
штора для душа
wasa
пенная ванна
baba
ванна
ba
шклянка
baba
мыйная машына
dadadada
вадаправодны кран
badada
плітка
kaka
начны гаршчок
dadadada
ракавіна

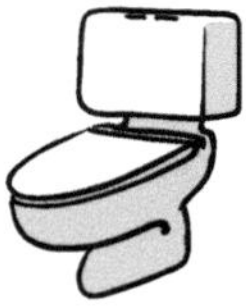

kaka

туалет

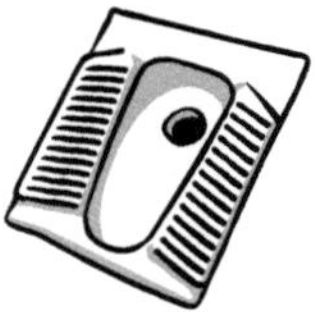

ba

падлогавы ўнітаз

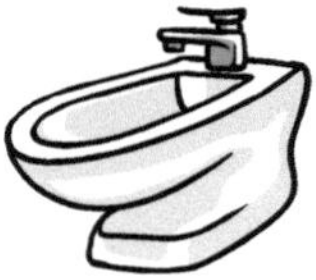

dadababa

бідэ

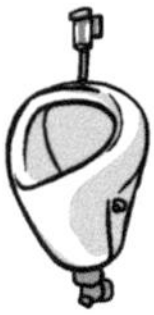

dadababa

пісуар

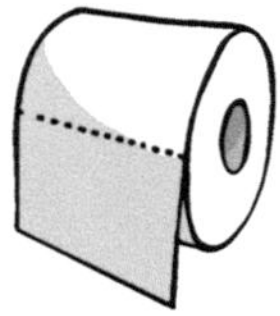

kaka

туалетная папера

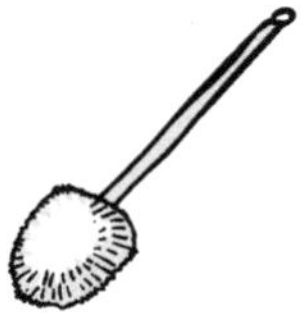

bababa

шчотка для чысткі ўнітаза

bababa

зубная шчотка

nom! nom!

зубная паста

dadadada

зубная нітка

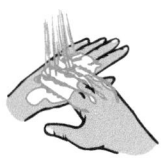

bababa

мыць

babababa

ручны душ

dadadada

інтымны душ

badada

умывальнік

dadadada

шчотка для спіны

nom! nom!

мыла

nom! nom!

гель для душа

nom! nom!

шампунь

babadada

вяхотка

dadaba

вадасцёк

nom! nom!

крэм

babababa

дэзадарант

dadadada

люстэрка

dadadada

касметычнае люстэрка

ba

станок для галення

nom! nom!

пена для галення

nam! nam!

ласьён пасля галення

dadababa

грэбень

baba

шчотка

dadadada

фен

badada

лак для валасоў

dadaba

касметыка

mama!

памада

ba

лак для пазногцяў

bababa

вата

dadadada

манікюрныя нажніцы

bababa

духі

dadadada

касметычка

babab

табурэтка

dadadada

вагі

ba

лазневы халат

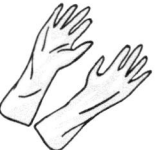

bababab

санітарныя пальчаткі

ba

тампон

bababa

гігіенічныя пракладкі

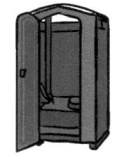

baba

біятуалет

babab - ванная

41

meina
дзіцячы пакой

bababa
будзільнік
bababa
мяккая цацка
auto
цацачная машынка
dadadada
бразготка
bababa
лялечны домік
babababa
падарунак

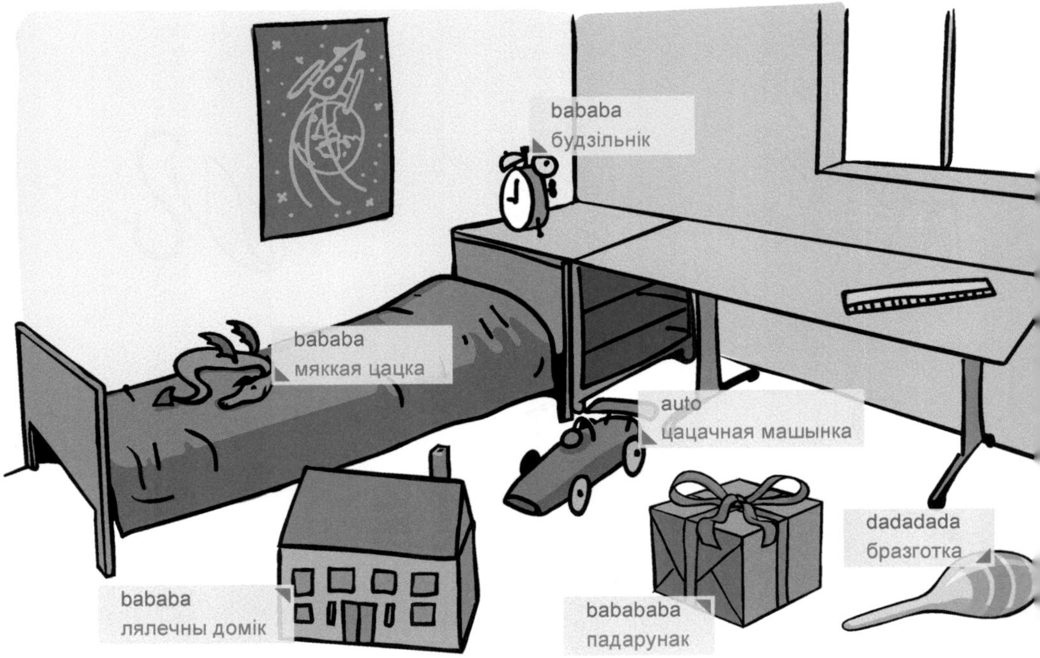

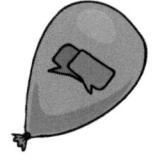

dadadada

надзіманы шарык

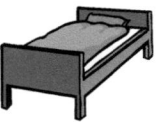

heia!

ложак

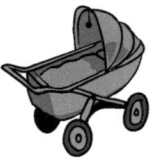

dadaba

дзіцячая каляска

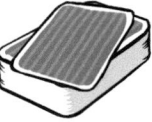

dadababa

калода картаў

bababa

пазл

SUPER
MEGA

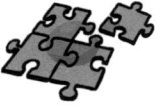

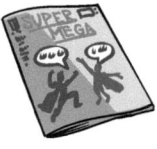

dadababa

комікс

badada

канструктар "Лега"

badada

канструктар

dada

экшэн-фігурка

dadadada

дзіцячы гарнітур

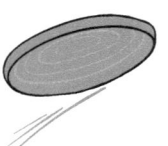

dadaba

фрызбі

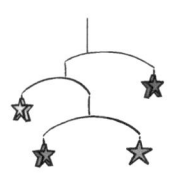

dadaba

дзіцячы мабіль

ba

настольная гульня

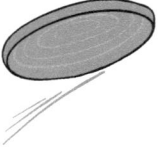

baba

кубік

dadababa

дзіцячая чыгунка

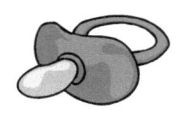

lula

пустышка

baba

дзіцячае свята

dadaba

кніга з малюнкамі

dada

мячык

dada

лялька

badada

гуляцца

dadaba

пясочніца

babababa

арэлі

dadababa

цацкі

dadaba

гульнявая відэа прыстаўка

babadada

трохколавы ровар

dadababa

плюшавы мішка

dadaba

шафа

baba

адзенне

dadadada

шкарпэткі

ba

панчохі

dada

калготкі

bababa
шалік

bababa
парасон

badada
цішотка

dadababa
рамень

baba
боты

baba
пантоплі

ba
красоўкі

babababa
сандалі

badada
абутак

dada
гумовыя боты

ba
трусы

baba
бюстгальтар

dadadada
майка

badada

бодзі

ba

штаны

bababa

джынсы

dada

спадніца

bababa

блузка

dadadada

кашуля

baba

джэмпер

baba

талстоўка

babadada

блэйзер

baba

куртка

bababa

паліто

dadababa

дажджавік

bababa

касцюм

ba

сукенка

dadaba

вясельная сукенка

dadadada

касцюм

bababab a

начная сарочка

heia

піжама

baba

сары

dadadada

хустка

dada

цюрбан

dada

паранджа

baba

каптан

dadadada

Абая

wasa

купальнік

bababa

плаўкі

dadababa

шорты

bababab a

спартыўны касцюм

baba

фартух

bababab a

пальчаткі

baba - адзенне

47

dadaba

гузік

babadada

акуляры

dada

бранзалет

dadababa

каралі

bababa

кальцо

dadababa

завушніца

dada

кепка

babadada

вешалка

dadababa

капялюш

bababa

гальштук

badada

маланка

dadaba

шлем

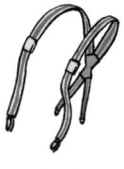

dada

падцяжкі

babadada

школьная форма

bababbaba

уніформа

namnam

нагруднік

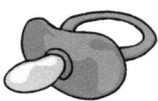

lula

пустышка

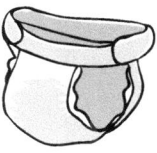

kaka!

падгузнік

baba
офіс

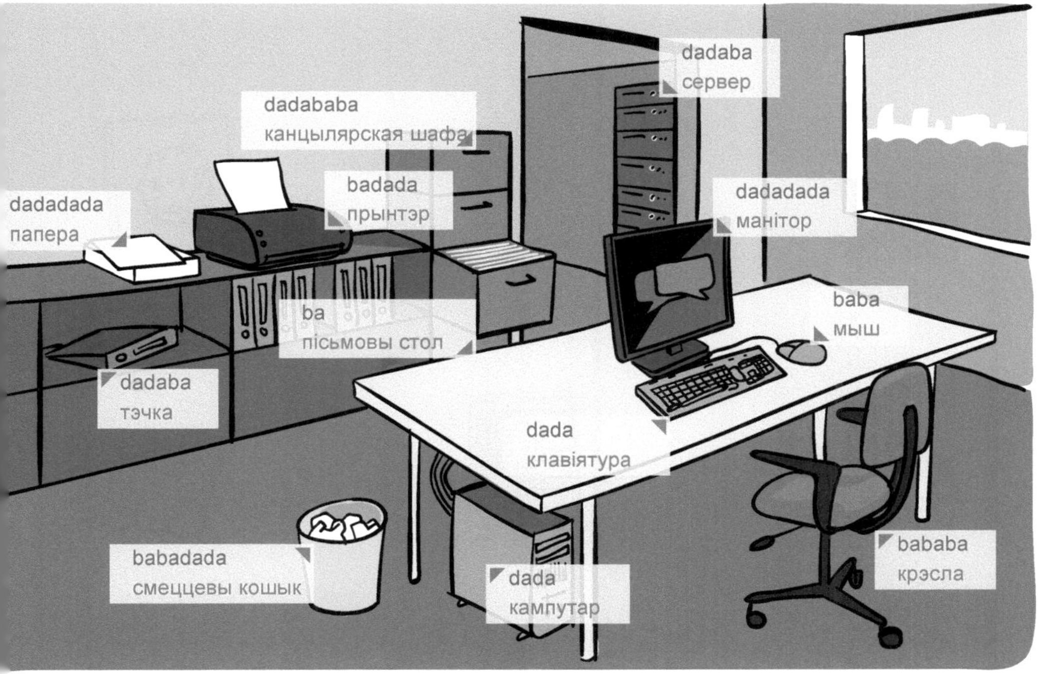

dadaba
сервер

dadababa
канцылярская шафа

dadadada
папера

badada
прынтэр

dadadada
манітор

ba
пісьмовы стол

baba
мыш

dadaba
тэчка

dada
клавіятура

babadada
смеццевы кошык

dada
кампутар

bababa
крэсла

dada

ак для кавы (філіжанка)

bababa

калькулятар

da da

інтэрнэт

papa!

ноўтбук

dadababa

ліст

ba

паведамленне

fon

мабільны тэлефон

bababa

сетка

ba

ксеракс

bababa

праграмнае забеспячэнне

dada bing

тэлефон

aua!

разетка

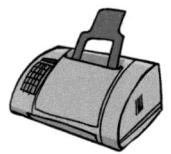

bababa

факс

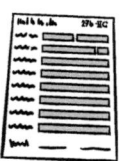

dadaba

фармуляр

bababa

дакумент

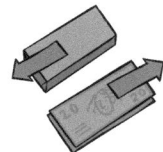

baba

купляць

dadadada

плаціць

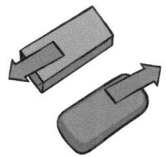

dadaba

гандляваць

badada

грошы

babadada

долар

dadaba

еўра

bababa

ена

ba

рубель

dada

франк

dada

кітайскі юань

ba

рупія

ba

банкамат

dadadada

абменны пункт

dadadada

золата

baba

срэбра

dadadada

нафта

ba

энергія

dadadada

цана

baba

кантракт

bababa

падатак

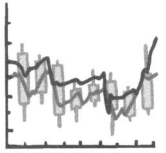

dadadada

акцыя

dadaba

працаваць

dadadada

служачы

dadababa

працадаўца

dadaba

фабрыка

ba

крама

ba

прафесіі

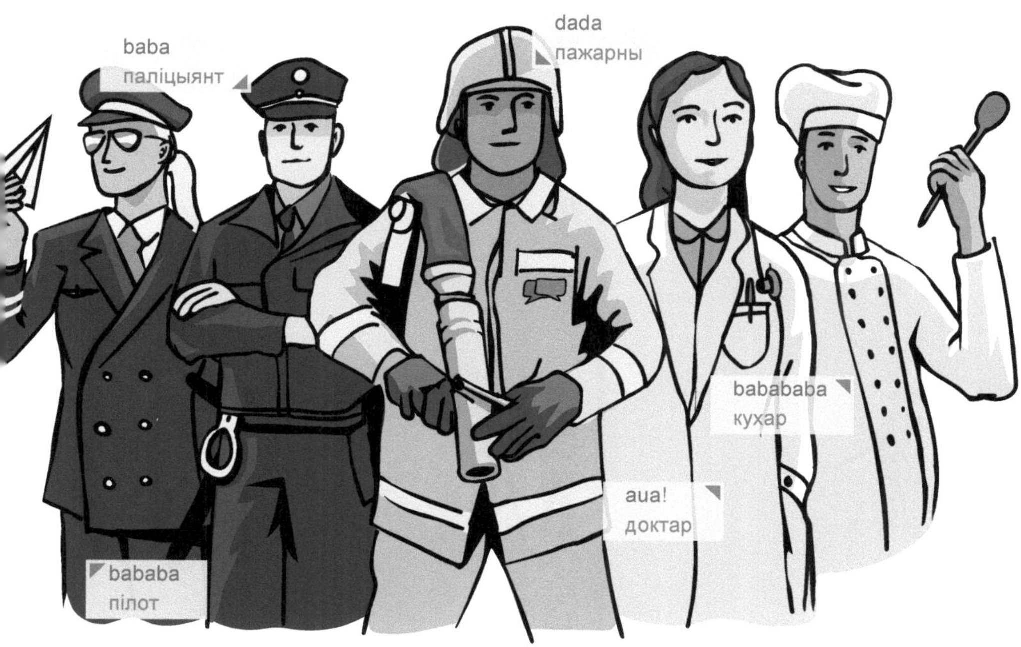
baba
паліцыянт
dada
пажарны
babababa
кухар
aua!
доктар
bababa
пілот

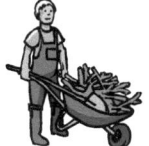

bababa

садоўнік

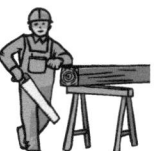

bababa

слесар

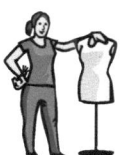

baba

швачка

bababa

суддзя

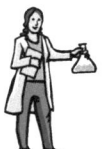

dadaba

хімік

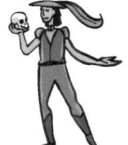

dadababa

артыст

ba
....
кіроўца аўтобуса

auto mann
....
таксіст

bababa
....
рыбак

dadadada
....
прыбіральшчыца

dadadada
....
страхар

dadadada
....
афіцыянт

badada
....
паляўнічы

dadadada
....
мастак

dadababa
....
пекар

papa!
....
электрык

babababa
....
будаўнік

bababa
....
інжынер

dadababa
....
мяснік

dadadada
....
сантэхнік

bababa
....
паштальён

dadadada

салдат

ba

архітэктар

dadaba

касір

bababa

фларыст

babadada

цырульнік

bababa

кандуктар

dadaba

механік

dada

капітан

badada

стаматолаг

ba

вучоны

bababa

рабін

dadaba

імам

dada

манах

dadadada

святар

dada
інструменты

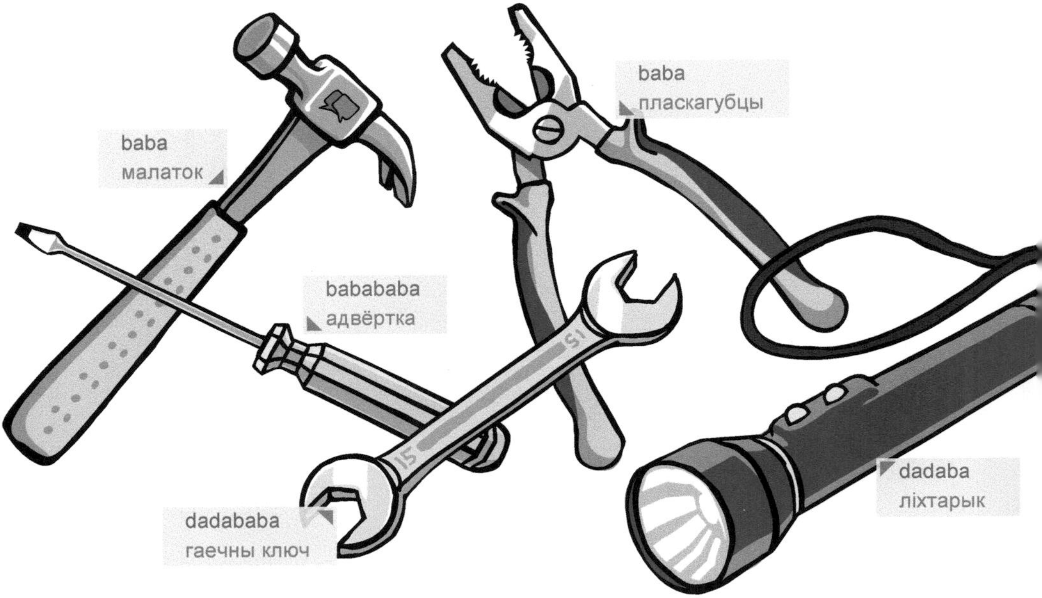
baba
малаток
bababa baba
адвёртка
dadababa
гаечны ключ
baba
пласкагубцы
dadaba
ліхтарык

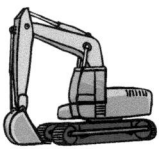

dadaba

экскаватар

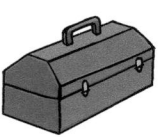

baba

скрыня для інструментаў

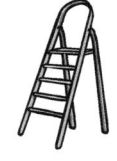

babababa

дравіны

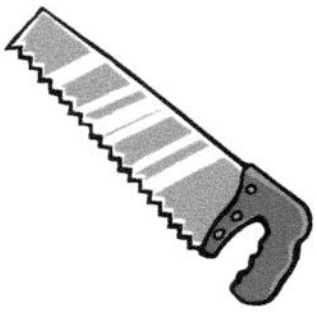

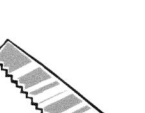

dadaba

піла

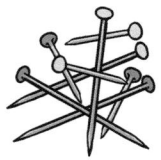

babadada

цвікі

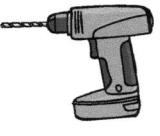

dada

дрыль

dadababa

рамантаваць

dada

рыдлеўка

aua!

Халера!

dada

шуфлік для смецця

dadaba

вядро з фарбаю

babababa

балты

bababa
музычныя інструменты

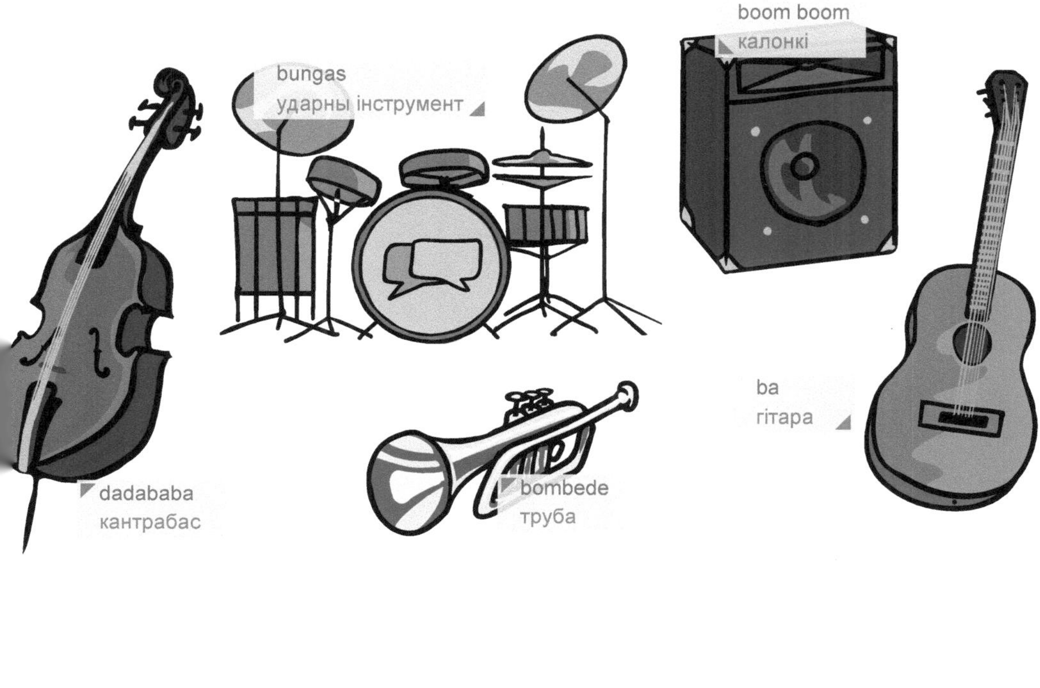

bungas
ударны інструмент

boom boom
калонкі

ba
гітара

dadababa
кантрабас

bombede
труба

bingbing

піяніна

bababa

скрыпка

ba

басгітара

badada

літаўры

bunga bunga

барабан

badada

клавішны электрамузычны інструмент

dadababa

саксафон

dadababa

флейта

dadadada

мікрафон

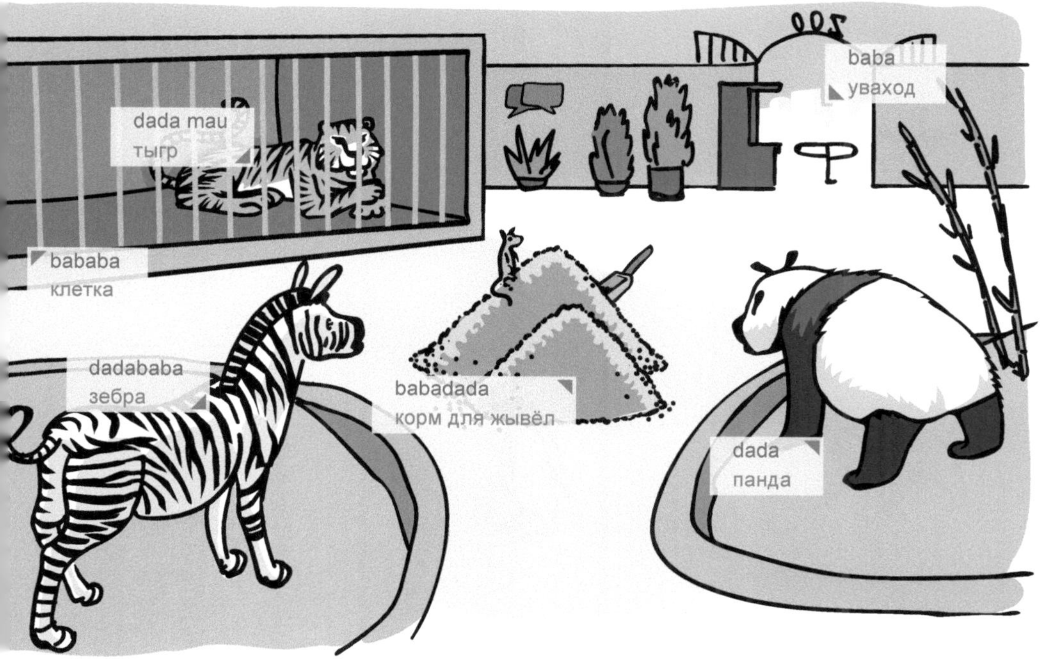

baba
▸ увaход

dada mau
тыгр

◂ bababa
клетка

dadababa
зебра

babadada
корм для жывёл

dada
панда

dadadada

жывёлы

bababa

слон

dadaba

кенгуру

babadada

насарог

dada

гарыла

babababa

мядзведзь

dadaba

вярблюд

gackgack

стравус

babadada

леў

dadaba

малпа

gackgack

фламінга

bababa

папугай

bababa

белы мядзведзь

dada

пінгвін

bababa

акула

dadaba

паўлін

badada

змяя

babababa

кракадзіл

dadadada

наглядчык заапарка

dada

цюлень

bababa

ягуар

ei!

поні

dadadada

леапард

dada

бегемот

babababa

жыраф

bababa

арол

babadada

дзік

nom nom!

рыбак

dadadada

чарапаха

anje

морж

dadadada

ліса

bababa

газель

dadababa
амерыканскі футбол

dadaba
веласпорт

bum bum
тэніс

ball
баскетбол

badada
плаванне

aua!
бокс

baba
хакей з шайбай

dadadada
·················
футбол

badada
·················
бадмінтон

dadababa
·················
лёгкая атлетыка

ball
·················
гандбол

dadadada
·················
горныя лыжы

baba
·················
пола

dadadada
дзейнасць

baba
смяяцца
dada
скакаць
bababa
абдымаць
dada
ісці
dadababa
спяваць
dadababa
марыць
dadadada
маліцца
mama!
цалаваць

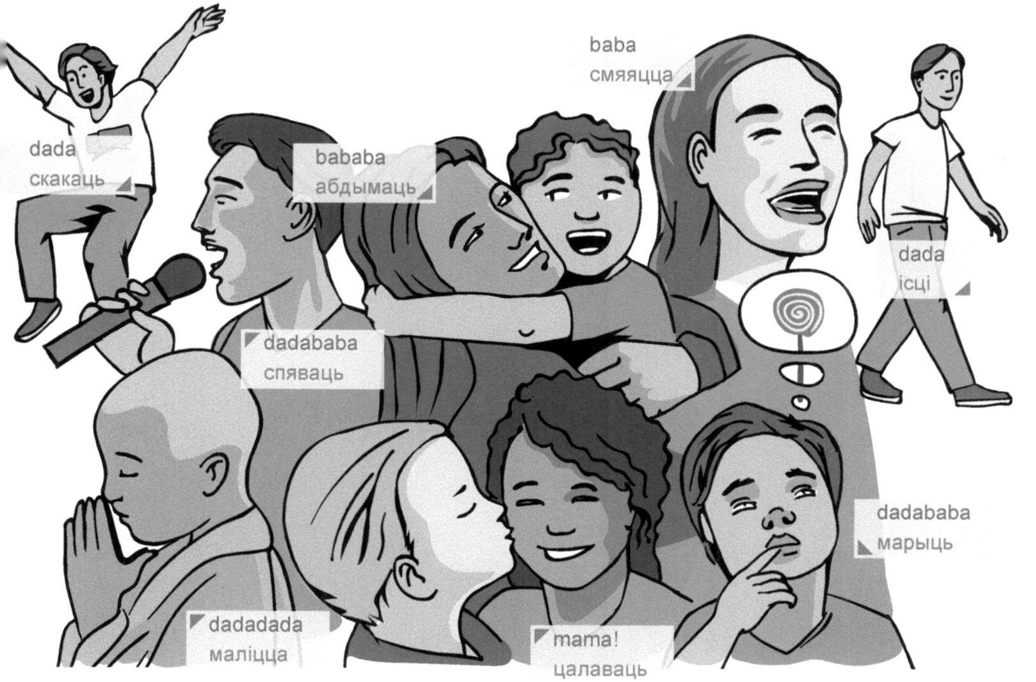

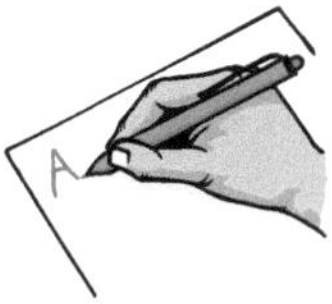

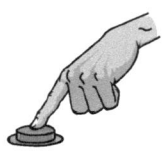

dadaba

пісаць

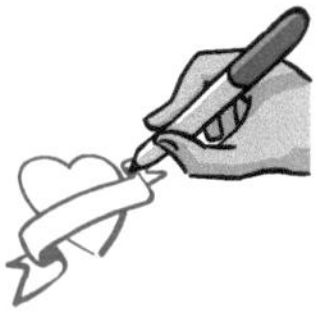

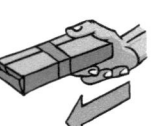

dada

маляваць

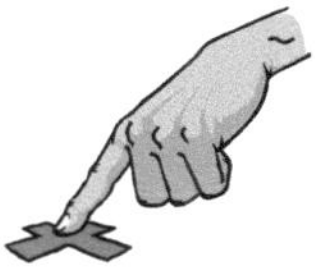

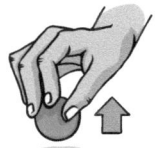

dadababa

паказваць

dada

націснуць

badada

даваць

dadaba

браць

dadaba

маць

dadadada

выконваць

babadada

быць

dadadada

стаяць

baba

бегчы

dadababa

цягнуць

dadadada

кідаць

dadaba

падаць

badada

ляжаць

dadaba

чакаць

bababa

насіць

ba

сядзець

dadababa

апранацца

heia!

спаць

bababa

прачынацца

bababab a

глядзець

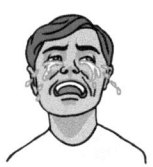

baaaaaa

плакаць

dadadada

лашчыць

bababa

прычэсвацца

bababa

гаварыць

baba

разумець

badada

пытаць

dadababa

чуць

bababa

піць

nomnom!

есці

badada

прыбіраць

ba

кахаць

badada

гатаваць

dadababa

ехаць

dadadada

лятаць

dadababa

плаваць пад ветразем

dadababa

лічыць

dadadada

чытаць

dadababa

вучыць

dadaba

працаваць

baba

уступаць у шлюб

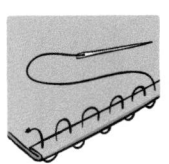

dada

шыць

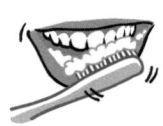

aua!

чысціць зубы

aua!

забіваць

dadababa

курыць

babababa

пасылаць

oma!
бабуля

opa!
дзядуля

papa!
бацька

mama!
маці

bebi
дзіця

ba
дачка

badada
сын

baba

госць

ba

цётка

bababa

дзядзька

nein!

брат

nein!

сястра

dadababa

цела

bababa
лоб
dada
вока
dada
твар
dadababa
падбародак
dada
палец
baba
рука
da
грудзі
bababa
рука
bababa
плячо
dadaba
нага

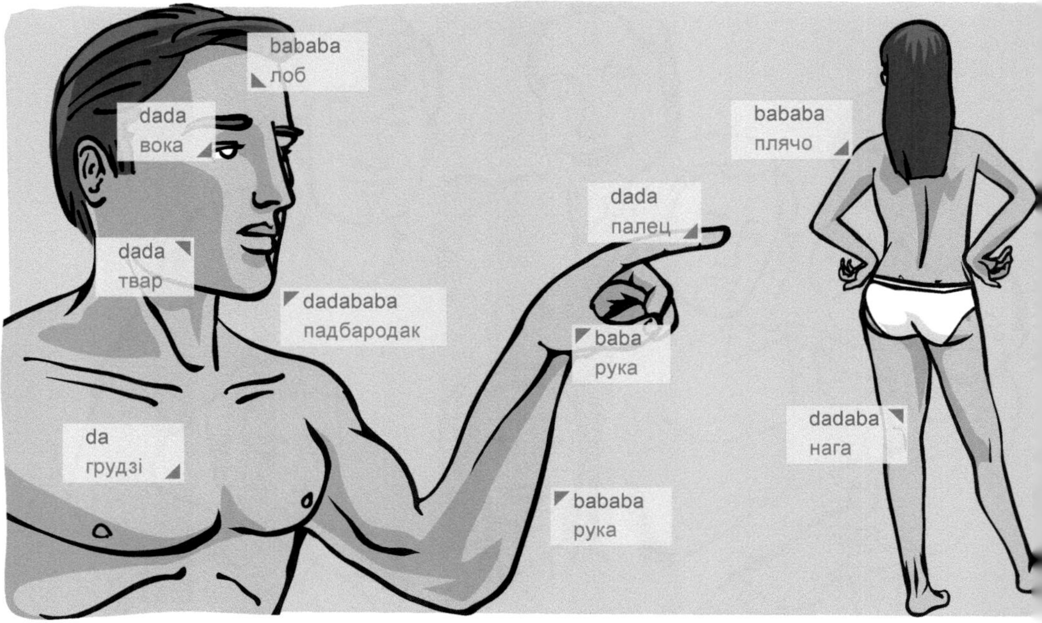

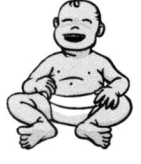

bebi

дзіця

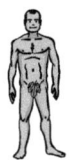

papa!

мужчына

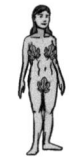

mama

жанчына

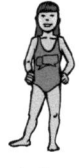

baba

дзяўчынка

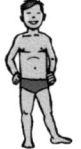

babadada

хлопчык

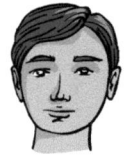

bababa

галава

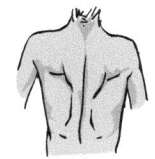

baba

спіна

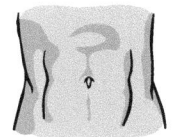

dadababa

жывот

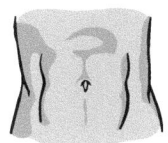

dada

пуп

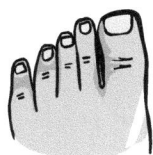

dadababa

палец нагі

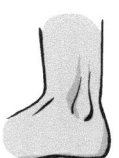

ba

пятка

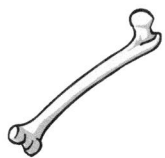

badada

костка

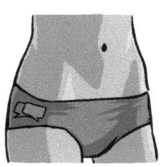

bababa

бядро

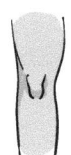

dada

калена

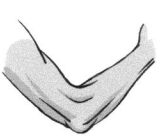

dadadada

локаць

bababa

нос

popo

ягадзіца

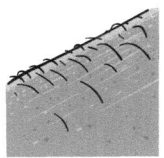

dadaba

скура

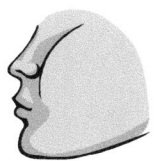

badada

шчака

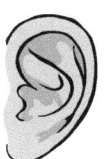

dada

вуха

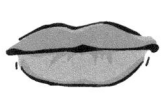

babababa

губа

dadababa - цела

dadababa

рот

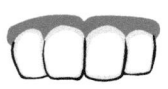

dadadada

зуб

baba

язык

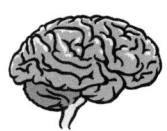

dadadada

галаўны мозг

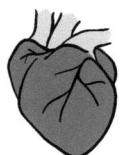

baba

сэрца

dada

мышца

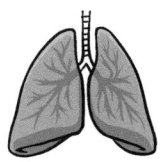

dada

лёгкае

dada

пячонка

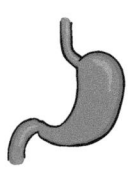

dadababa

страўнік

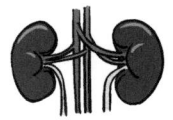

dadaba

ныркі

babadada

сэкс

dada

прэзерватыў

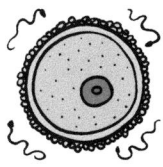

badada

яйцаклетка

dadababa

сперма

dadababa

цяжарнасць

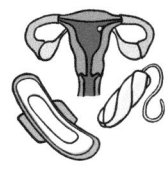

ba

менструацыя

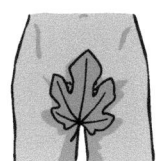

mumu

похва

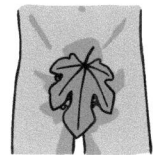

pipi

пеніс

dada

брыво

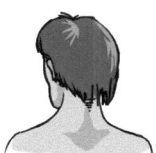

dadababa

валасы

bababa

шыя

aua!
шпіталь

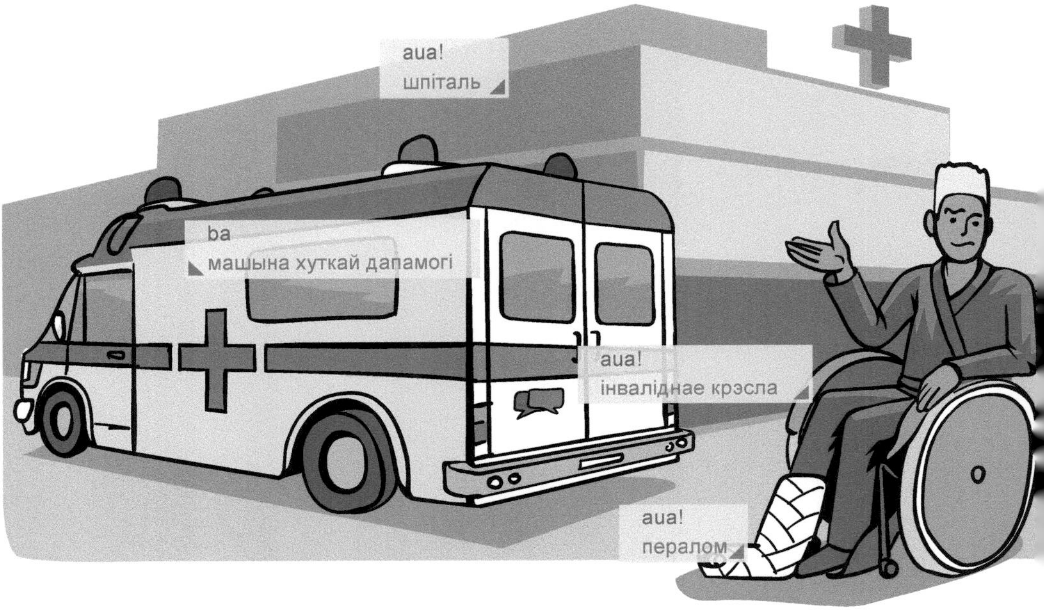

ba
машына хуткай дапамогі

aua!
інваліднае крэсла

aua!
пералом

aua!

доктар

aua!

аддзяленне першай
дапамогі

aua!

медсястра

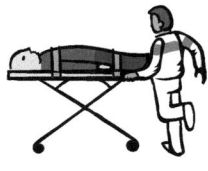

aua!

экстраная дапамога

aua!

непрытомны

dadababa

боль

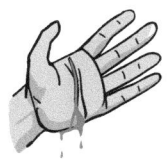

aua!

траўма

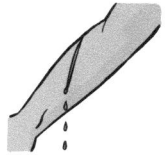

dadadada

крывацёк

aua!

інфаркт

aua!

апаплексія

dadababa

алергія

aua!

кашаль

aua!

гарачка

aua!

грып

aua!

панос

aua!

галаўны боль

aua!

рак

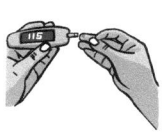

aua!

дыябет

aua!

хірург

aua!

скальпель

aua!

аперацыя

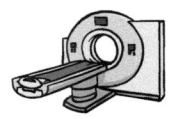

aua!

КТ

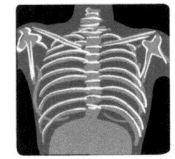

aua!

рэнтген

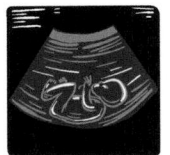

aua!

ультрагук

aua!

маска

aua!

хвароба

aua!

пачакальня

aua!

мыліца

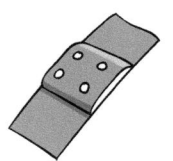

aua!

пластыр

dadababa

бінт

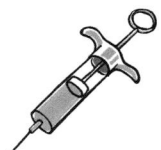

aua!

ін'екцыя

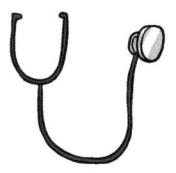

aua!

стэтаскоп

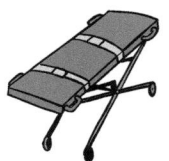

aua!

насілкі

aua!

градуснік

aua! bebi!

нараджэнне

aua!

лішняя вага

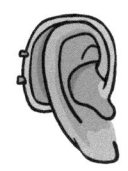

aua!

слухавы апарат

aua!

дэзінфекцыйны сродак

aua!

інфекцыя

aua!

вірус

aua!

ВІЧ/СНІД

aua!

лекі

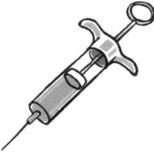

aua!

прышчэпка

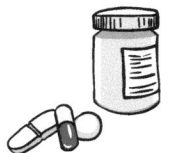

aua!

таблеткі

dadaba

супрацьзачаткавая таблетка

aua!

экстраны выклік

aua!

танометр

da / ba

хворы / здаровы

aua!

Ратуйце!

aua!

сігналізацыя

aua!

напад

aua!

атака

aua!

небяспека

dadadada

аварыйны выхад

dadaba

Пажар!

dadaba

вогнетушыцель

aua! aua!

аварыя

aua!

аптэчка

baba

СОС

dadadada

паліцыя

badada

Еўропа

dadaba

Паўночная Амерыка

dadababa

Паўднёвая Амерыка

dadaba

Афрыка

dadaba

Азія

babababa

Аўстралія

badada

Атлантычны акіян

dadaba

Ціхі акіян

baba

Індыйскі акіян

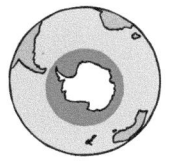

bababa

ўднёвы ледавіты акіян

dadababa

Паўночны ледавіты акіян

bababa

Паўночны полюс

dadababa

Паўднёвы полюс

dadaba

Антарктыда

dada

Зямля

dadaba

краіна

badada

мора

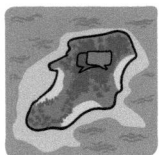

dadadada

востраў

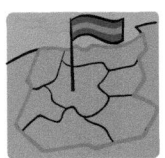

dadadada

нацыя

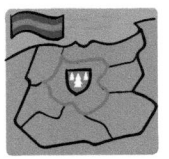

dadababa

дзяржава

baba

цыферблат

babadada

гадзінная стрэлка

baba

хвілінная стрэлка

bababa

секундная стрэлка

dadababa

Колькі часу?

babadada

дзень

dada

час

baba

зараз

dadababa

электронны гадзіннік

dadababa

хвіліна

bababa

гадзіна

тыдзень

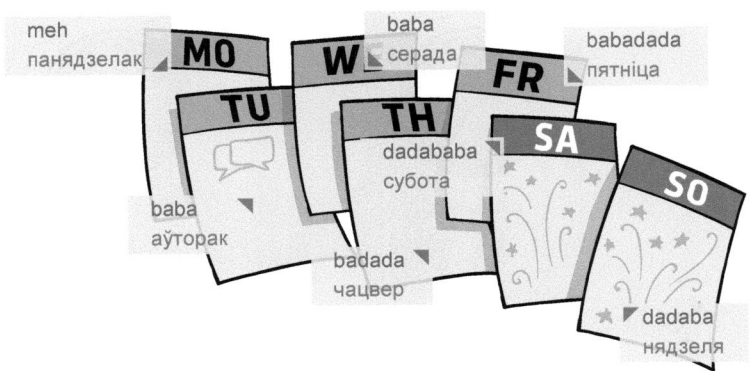

meh
панядзелак
MO

TU

baba
аўторак

baba
серада
W

TH

dadababa
субота

babadada
пятніца
FR

SA

SO

badada
чацвер

dadaba
нядзеля

dadadada
················
ўчора

dadababa
················
сёння

dadaba
················
заўтра

baba
················
раніца

baba
················
абед

dadadada
················
вечар

dada
················
працоўныя дні

baba
················
выхадныя

dadababa
дождж

dadaba
вясёлка

dadadada
вецер

kalt
снег

dadadada
вясна

badada
лета

bababa
восень

kalt
зіма

4.APRIL	11°	☀
5.APRIL	4°	☁
6.APRIL	13°	⛅
7.APRIL	8°	☀
8.APRIL	10°	☀

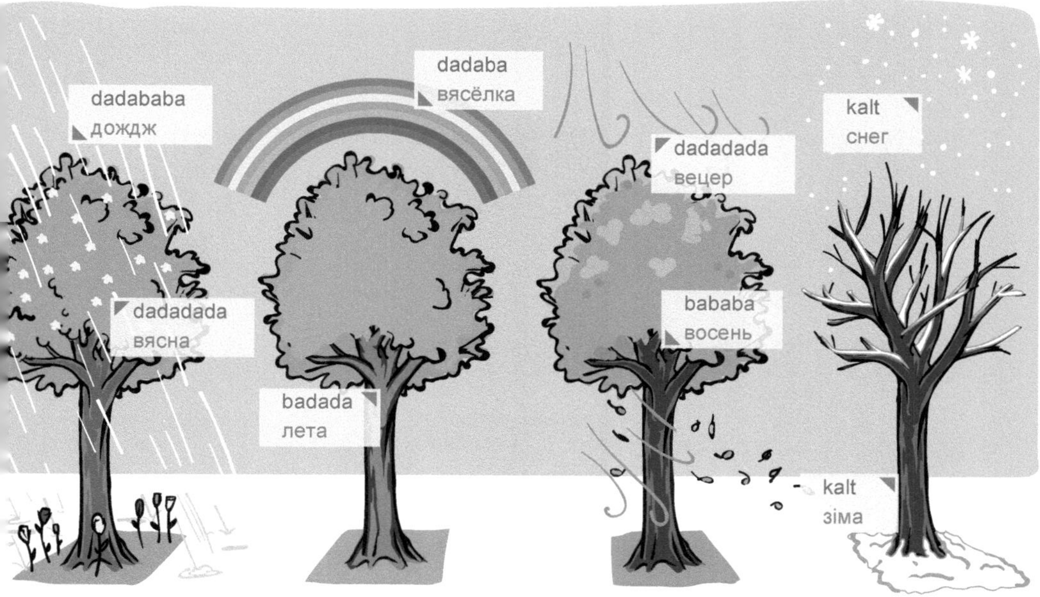

dadababa
....
прагноз надвор'я

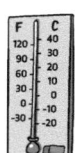
bababa
....
градуснік

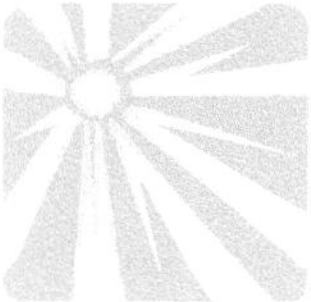

ba
....
сонечнае святло

baba
....
воблака

dadadada
....
туман

dada
....
вільготнасць паветра

dadababa
....
маланка

dada
....
гром

badada
....
бура

dadababa
....
град

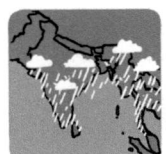

bababa
....
мусонны вецер

dadaba
....
прыліў

dadadada
....
лёд

dadaba
....
студзень

dadaba
....
люты

bababa
....
сакавік

dadadada
....
красавік

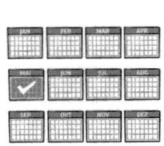

dadadada
....
май

babababa
....
чэрвень

baba
....
ліпень

bababa
....
жнівень

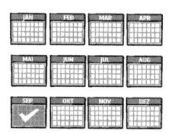

dadadada

верасень

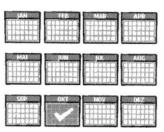

badada

кастрычнік

dadababa

лістапад

baba

снежань

baba

круг

badada

квадрат

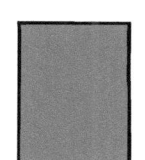

dadababa

прамавугольнік

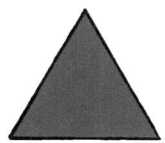

babababa

трохвугольнік

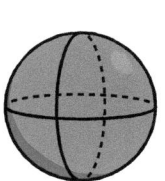

dadadada

шар

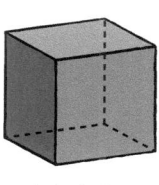

babababa

куб

dadababa

белы

babababa

жоўты

baba

аранжавы

dadadada

ружовы

babadada

чырвоны

dadababa

фіялетавы

dadadada

сіні

ba

зялёны

baba

карычневы

bababa

шэры

badada

чорны

da / ba

шмат / мала

da / ba

злы / добры

da / ba

прыгожы / брыдкі

da / ba

пачатак / канец

da / ba

высокі / малы

da / ba

светлы / цёмны

da / ba

сястра / брат

da / ba

чысты / брудны

da / bada

поўны / няпоўны

da / ba

дзень / ноч

da / ba

мёртвы / жывы

da / ba

шырокі / вузкі

da / ba

ядомы / неядомы

da / ba

злы / добры

ba / ba

узбуджаны / нудны

da / ba

тоўсты / тонкі

ba / ba

першы / апошні

da / bada

сябар / вораг

da / ba

поўны / пусты

da / ba

цвёрды / мяккі

da / ba

важкі / лёгкі

da / bada

голад / смага

da / ba

хворы / здаровы

da / ba

нелегальны / легальны

da / ba

разумны / дурны

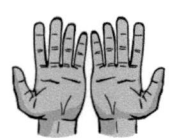

ba / ba

левы / правы

da / ba

побач / далёка

dadadada - супрацьлегласці

da / bada

овы / былы ва ўжыванні

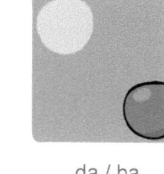

da / ba

нічога / нешта

ba / ba

стары / малады

da / ba

укл / выкл

da / ba

адчынены / зачынены

da / ba

ціхі / гучны

ba / ba

багаты / бедны

da / ba

правільна / няправільна

da / ba

шурпаты / гладкі

ba / ba

сумны / шчаслівы

da / ba

кароткі / доўгі

da / ba

павольны / хуткі

da / bada

вільготны / сухі

da / bada

цёплы / халаднаваты

da / ba

вайна / мір

0

dada

нуль

1

а

адзін

2

ba

два

3

da ba da

тры

4

badabada

чатыры

5

dadababa

пяць

6

dadaba

шэсць

7

badada

сем

8

dadababa

восем

9

dadaba

дзевяць

10

dadadada

дзесяць

11

badada

адзінаццаць

12

baba

дванаццаць

13

bababa

трынаццаць

14

baba

чатырнаццаць

15

babadada

пятнаццаць

16

dadababa

шаснаццаць

17

babababa

сямнаццаць

18

dadababa

васямнаццаць

19

bababa

дзевятнаццаць

20

dadababa

дваццаць

100

baba

сто

1.000

baba

тысяча

1.000.000

dadababa

мільён

baba

англійская

babadada

англійская (Амерыка)

dadababa

кітайская мандарынская

ba

хіндзі

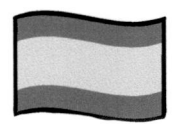

badada

іспанская

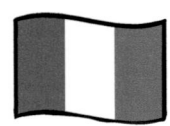

ohlala

французская

babadada

арабская

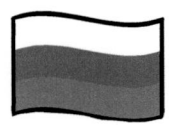

dadaba

руская

dada

партугальская

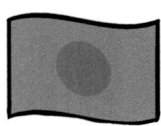

dadadada

бенгальская

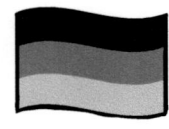

badada

нямецкая

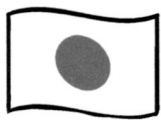

dadadada

японская

a
....
я

dadadada
....
ты

da / da / da
....
ён / яна / яно

o ba ma
....
мы

babababa
....
вы

baba
....
яны

dadadada
....
хто?

dadadada
....
што?

baba
....
як?

babababa
....
дзе?

babadada
....
калі?

dadaba
....
імя

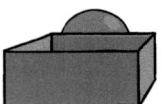

baba

за

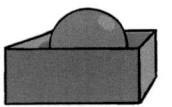

dadaba

у

baba

перад

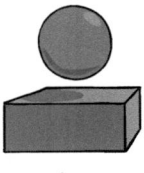

ba

над

baba

на

dadababa

пад

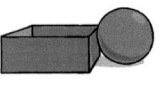

babababa

каля

ba

паміж

dada

месца